KARTEN
mit Serviettenmotiven

Geht es Ihnen auch so? Überall begegnen Ihnen die schönsten Motivservietten und Sie denken bei sich, „nur als kurzlebiger Tischschmuck sind sie doch eigentlich viel zu schade". Sicher haben auch Sie einige schöne Servietten zu Hause. Warum verwenden Sie diese nicht mal anders? Zum Beispiel zum Gestalten von tollen Karten für jeden Anlaß. Der Kreativität können Sie freien Lauf lassen. Die Technik ist wunderbar einfach, und Sie kommen schnell zum Erfolg. In kurzer Zeit haben Sie eine Karte gestaltet, die bestimmt beim Empfänger „gut ankommt".

Ich wünsche Ihnen viel Spaß beim Ausprobieren dieser neuen Technik und genauso viel Freude daran, wie ich sie immer wieder habe.

Ihre
Kerstin Ebbighausen

Vielseidig Verlag

Material

Faltkarten
Verwenden Sie entweder die vielfältige Palette farbiger, handelsüblicher Karten, oder fertigen Sie sich aus Tonpapier in den Farben Ihrer Wahl eigene Karten an.

Serviette (mind. 2 je Motiv)

Klebestift, dünnes, weißes Schreibpapier, festes, weißes Kopierpapier
Silhouettenschere, verschiedene Zierrandscheren
verschiedene Motiv- und Ecklocher, Lochzange, Prickelnadel
Embossingschablone, Stencel-farbe und Kolorierstempel
3D-Foam (Klebeplättchen und Abstandsband)

Zur weiteren Dekoration der Karte benutze ich:

Handgeschöpfte Papiere, farbige Wellpappe, Reliefschriften, Naturbast
farbige Kordeln, Strukturschnee, Strohseide

So wird's gemacht:

1. **Schritt:** Eine Serviette besteht aus drei Papierlagen. Sie verwenden immer nur die oberste, bedruckte Schicht. Lösen Sie diese vorsichtig von den anderen Schichten und schneiden oder reißen Sie das gewünschte Serviettenmotiv grob aus.

2. **Schritt:** Das Motiv kleben Sie mit einem Klebestift auf dünnes, weißes Schreibpapier und streichen es vorsichtig mit den Fingern glatt.

3. **Schritt** Schneiden Sie das Motiv sorgfältig mit einer Silhouettenschere aus und kleben es mit Klebestift auf die Karte.

4. **Schritt:** Wiederholen Sie Schritt 1 und 2 mit demselben Motiv. Verwenden Sie aber diesmal dickeres, weißes Schreibpapier.

5. **Schritt:** Motiv 2 wird nun ausgeschnitten und mit Hilfe von 3D-Klebeplättchen exakt auf Motiv 1 geklebt. So entsteht ein plastischer Effekt. Sie können natürlich auch lediglich Teile eines Motivs hervorheben.

Auf diese Weise habe ich fast alle im Buch dargestellten Karten gemacht. Wenn ich davon abweiche, weise ich bei den einzelnen Kartenbeschreibungen darauf hin.

Tipps

Alle Servietten sind am Rand geprägt. Diese Prägung läßt sich mühelos direkt nach dem Aufkleben mit den Fingern wegstreichen.

Sie kommen schneller ans Ziel, wenn Sie statt Papier und Klebestift Selbstklebeetiketten (z.B. Adressaufkleber) verwenden. Bedenken Sie aber, daß das Motiv nicht mehr verrückt werden kann, wenn es einmal klebt. Fältchen lassen sich aber auch hier mit dem Finger wegstreichen.

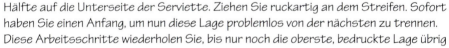

Detailansicht der Karte von Seite 15

Um die Schichten der Serviette leichter voneinander zu lösen, nehmen Sie ein Stückchen Klebestreifen (ca. 3 cm) und kleben diesen etwa zur Hälfte auf die Unterseite der Serviette. Ziehen Sie ruckartig an dem Streifen. Sofort haben Sie einen Anfang, um nun diese Lage problemlos von der nächsten zu trennen. Diese Arbeitsschritte wiederholen Sie, bis nur noch die oberste, bedruckte Lage übrig bleibt.

Schriften: Es gibt verschiedene Arten Schriften zu verwenden. Ich habe mit einem Gel-Liner handgeschrieben oder aber fertige Reliefschriftzüge bzw. einzelne Buchstaben verwendet. Eine besonders schöne aber aufwendige Technik ist das „Prickeln" von Schriftzügen (Ornare). Dazu benötigen Sie eine entsprechende Embossing Schablone und eine Prickelnadel. Sie drücken die Löcher von hinten durch das Deckblatt der Karte, so daß die Schrift auf der Oberseite erhaben ist. Bitte vergessen Sie nicht, in Spiegelschrift zu arbeiten.

Wie wär's mal mit „Antik"? Um Karten einen antiken Touch zu geben, benutze ich kleine Kolorierstempel, die ich in Farbe drücke. Wird diese Farbe hauchdünn am Kartenrand aufgetragen, ergibt das einen tollen Effekt, der die Karte alt und edel aussehen läßt.

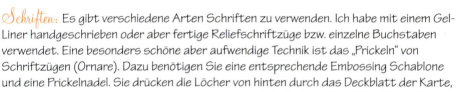

Detailansicht der Karte von Seite 13

Fröhliche Ostergrüße

Material: Servietten
grüne Faltkarte 105 x 148 mm
gelbe Faltkarte 105 x 148 mm
gelbe Anhängerkarte 105 x 74 mm (Querformat)
grüne Strohseide, grüner Bast oder Heu
doppelseitige Klebefolie, blaue Wellpappe

Karte mit Henne und Küken

Doppelseitiges Klebeband auf das untere Drittel der grünen Karte kleben. Hierauf den Bast oder Heu als Wiese drücken. Serviettenmotiv vorbereiten (siehe Seite 3) und aufkleben. Die zwei äußeren Küken mit Klebeplättchen hervorheben. Mit Klebeplättchen die Eierschalen auf der „Wiese" anbringen.

Karte mit Osterglocke

Auf die gelbe Faltkarte mittig einen Streifen blaue Wellpappe (148 x 70 mm) kleben. Serviettenmotiv vorbereiten (siehe Seite 3) und auf der Wellpappe fixieren. Blüte mit Klebeplättchen hervorheben. Karte mit gerissener grüner Strohseide verzieren.

Gelber Geschenkanhänger (Achtung andere Technik!!)

Das Serviettenmotiv ausreißen und die unteren beiden Schichten entfernen. Auf die Mitte des Kärtchens Papierkleber geben und das Motiv platzieren. Ggf. die Ränder nachkleben. Zwei Eierschalen mit Klebeplättchen hervorheben (wieder die gewohnte Technik). Die Ecken des Kärtchens mit einem Ecklocher ausstanzen.

Frühlingserwachen

Material: Servietten
2 naturfarbene Karten 130 x 130 mm
grüne Strohseide
Naturpapier mit Graseinschlüssen
bei Bedarf Prickelnadel und Embossingschablone

Schmetterlingskarte

Ein Stück mit Zackenschere ausgeschnittenes Naturpapier (100 x 90 mm) auf die Karte kleben. Blumenmotiv vorbereiten (siehe Seite 3) und auf das Naturpapier kleben. Linke Blüte und Schmetterlinge vorbereiten und mit Klebeplättchen hervorheben. Flügel hochbiegen. Wiese aus grüner Strohseide aufkleben.
Den Schriftzug habe ich geprickelt (siehe Tipps).

Löwenzahnkarte

Löwenzahnmotiv vorbereiten und auf die Karte kleben. Das linke große Blatt, das kleine Blatt rechts, sowie die Löwenzahnblüte und die Pusteblume vorbereiten und mit Klebeplättchen hervorheben. Grüne Strohseide als Wiese aufkleben.

Von Herzen

Material: Servietten
hellblaues Tonpapier, blaue Wellpappe
mittelblaue Faltkarte 105 x 148 mm
hellblaue Faltkarte 148 x 105 mm
hellblaue Anhängerkarte 74 x 105 mm (Längsformat)
weiße Strohseide, blaue Kordel, roter Tonkarton

Karte „Herzlichen Dank"

Hellblauen Tonpapierstreifen (60 x 148 mm) mittig auf die mittelblaue Faltkarte kleben. Serviettenmotiv wie auf Seite 3 beschrieben vorbereiten und auf den Streifen kleben. Das kleine rote Herz wird mit Klebeplättchen hervorgehoben. Das goldene Herz ebenfalls vorbereiten und auf den Tonpapierstreifen kleben.

Karte „Alles Gute"

Auf die hellblaue Faltkarte wird mittig ein Stück gerissene Strohseide geklebt. Das Serviettenmotiv vorbereiten und aufkleben. Gleiches Motiv mit Klebeplättchen hervorheben. Rotes Herz vorbereiten und ebenfalls hervorheben. Der untere Rand wird mit einem Herzmotivlocher ausgestanzt.

Geschenkanhänger

Auf das Kärtchen mittig einen Tonpapierstreifen kleben (50 x 100 mm). Hierauf ein rechteckiges Stück blaue Wellpappe (45 x 65 mm) kleben. Serviettenmotiv vorbereiten (siehe Seite 3) und auf die Wellpappe kleben. Rotes Herz mit Klebeplättchen auf der Wellpappe fixieren. Ecken des Kärtchens mit Ecklocher (Herz) ausstanzen.

Viel Glück

Material: Servietten, dunkelgrüne Faltkarte 148 x 105mm
hellgrüne Karte 148 x 105mm
grüne Karte aus Wellpappe 170 x 170mm
Lesezeichen 175 x 45mm
grüner und naturfarbener Bast, grüne Kordel
Reliefschrift, Motivlocher Kleeblatt
Fiskarschere (zum Schneiden der Ecken)

Große Kleeblattkarte

Serviettenmotiv vorbereiten(siehe Seite 3) und mittig auf die grüne Karte aus Wellpappe kleben. Kleeblatt ohne Stiel vorbereiten und mit Klebeplättchen hervorheben. Rechtes Blatt und Kleeblattblüte vorbereiten und mit Klebeplättchen hervorheben. Löchlein in obere Ecke der Karte stanzen, Bast durchziehen und Schleifchen binden.

Karte „Viel Glück"

Mit einer Fiskarschere die Ecken der hellgrünen Karte schneiden und die Karte dann auf die dunkelgrüne Faltkarte kleben. Motive Füllhalter, Tintenfaß, Kleeblätter vorbereiten (siehe Seite 3) und auf den hellgrünen Untergrund kleben. Tintenfaß und großes Kleeblatt ohne Stiel vorbereiten und mit Klebeplättchen hervorheben. Marienkäfer vorbereiten und auf das Kleeblatt kleben.

Lesezeichen

Mit Motivlocher aus unterem Rand des Lesezeichens Kleeblatt stanzen. Kleeblatt und Marienkäfer vorbereiten (siehe Seite 3) und aufkleben. Gerissene Strohseide platzieren. Löchlein stanzen und grüne Kordel durchziehen.

Karten vom Garten

Material: Servietten
grüne Faltkarte 105 x 148 mm
grüne Karte 105 x 148 mm
naturfarbene Faltkarte 105 x 148 mm
gelbe Anhängerkarte 105 x 74 mm (Querformat)
grüne Strohseide, grüner Bast, Ecklocher

Karte mit Rosenbäumchen

Mit einer Zierrandschere ein Stück grünes handgeschöpftes Papier auf die Maße 90 x 105 mm zuschneiden und auf die Karte kleben. Ebenso mit der Zierrandschere ein Stück helles Naturpapier mit den Maßen 75 x 90 mm zuschneiden. Korb, Rosenbäumchen und einzelne Rosenblüte vorbereiten (siehe Seite 3) und auf das Naturpapier kleben. Bäumchen ohne Stamm, Topf, Gießkanne und Rosenblüte vorbereiten und mit Klebeplättchen hervorheben.

Karte mit Katze im Topf

Auf die linke Innenseite der naturfarbenen Karte deckungsgleich den grünen Tonkarton kleben. Auf der Vorderseite der Karte einen Halbkreis ausschneiden und zur rechten Seite hin wegklappen. Serviettenmotiv vorbereiten (siehe Seite 3) und hinter den Ausschnitt kleben. Kätzchen vorbereiten und mit Klebeplättchen hervorheben. Grüne Strohseide reißen und auf der Karte platzieren. Hut vorbereiten und mit Klebeplättchen hervorheben.

Kartenanhänger

Ecken des Kärtchens mit Ecklocher ausstanzen. Strohseide platzieren und Schubkarre aufkleben. Hut und Kätzchen vorbereiten und hervorheben.

Durch die Blume

Material: Servietten
gelbe Faltkarte 148 x 105 mm
blaue Faltkarte aus Wellpappe 105 x 148 mm

Karte „Alles Gute"

Aus der Vorderseite der gelben Faltkarte ein Oval schneiden.

Serviettenmotiv vorbereiten (siehe Seite 3) und hinter den Ausschnitt kleben. Einzelne Blüte vorbereiten und mit Klebeplättchen hervorheben. Die vorderen drei Blütenblätter des Stiefmütterchens vorbereiten und wiederum mit Klebeplättchen hervorheben. Zwei grüne Blättchen und eine Blüte vorbereiten und rechts unten auf der Karte platzieren.
Die Schrift wurde geprickelt (siehe Tipps).

Karte „Blauweiße Stiefmütterchen"

In die Karte ein Rechteck mit den Maßen 70 x 90 mm schneiden. Das Serviettenmotiv vorbereiten (siehe Seite 3) und hinter den Ausschnitt kleben.
Ganze Stiefmütterchenblüte vorbereiten und mit Klebeplättchen hervorheben. Die vorderen drei Blütenblätter vorbereiten und wiederum mit einem Klebeplättchen hervorheben.

Darf's ein bißchen Meer sein?

Material:
Servietten
blaue Faltkarte 130 x 130mm
naturfarbene Faltkarte
105 x 148 mm
verschiedenfarbige Strohseide
doppelseitiges Klebeband
Vogelsand
Motivlocher Sonne

Muschelkarte

Aus der naturfarbenen Karte schmales Rechteck (25 x 100 mm) schneiden. Serviettenmotiv hinter den Ausschnitt kleben. Verschiedenfarbige Strohseide reißen und unten links auf der Karte anordnen. Feder- und Muschelmotiv vorbereiten (siehe Seite 3) und auf die Strohseide kleben. Muschelmotiv vorbereiten und mit Klebeplättchen hervorheben.

Karte „Ahoi"

Quadratisch gerissenes Stück Strohseide auf die blaue Faltkarte kleben (mittig). Zwei grob ausgeschnittene Folienstreifen auf den unteren Teil der Karte kleben. Muschelmotiv vorbereiten (siehe Seite 3) und auf die Folie kleben.

Folie nun mit Sand bestreuen. Schiffsmotiv vorbereiten und auf die graue Strohseide kleben. Blaue Strohseide grob reißen und damit Meer und Wolken gestalten. Mit Motivlocher Sonne ausstanzen. Rettungsring vorbereiten und aufkleben. Muschelmotiv erneut vorbereiten und mit Klebeplättchen hervorheben.

Essen wie Gott in Frankreich

Material: Servietten
gelbe Faltkarte 148 x 105 mm
blaue Wellpappe 160 x 160 mm
gelbe Karte 105 x 148 mm
Reliefbuchstaben, orangefarbener Bast, Abstandsband

Einladungskarte

Mittig auf die gelbe Faltkarte ein Stück Wellpappe (120 x 80 mm) kleben. Serviettenmotiv vorbereiten (siehe Seite 3) und auf die Wellpappe kleben. Vorderes Häuschen mit Hügel und auch die zwei Flaschen vorbereiten und mit Klebeplättchen hervorheben.

Menuekarte

Mit einem Cutter Fenster mit den Maßen 60 x 60 mm in die Vorderseite der blauen Wellpappkarte schneiden. Ausschnitt mit gelbem Tonkarton hinterkleben. Olivenzweig vorbereiten (siehe Seite 3) und auf den Tonkarton kleben. Flaschenmotive vorbereiten und mit Klebeplättchen hervorheben. Serviettenmotiv „Häuser und Hügel" vorbereiten und rechts unten auf der Karte platzieren. In den linken Kartenrand mit der Lochzange zwei Löchlein stanzen und Bastbändchen durchziehen.

Tischkärtchen

Karte als Tischkärtchen mittig knicken. Serviettenmotiv grob ausreißen und die oberste bedruckte Schicht direkt auf das Kärtchen kleben (siehe Seite 5 „gelbe Anhängerkarte"). Flaschenmotiv vorbereiten (siehe Seite 3) und so aufkleben, daß der Flaschenhals etwas übersteht. Glasmotiv vorbereiten und mit Klebeplättchen hervorheben.

Bärenstarke Kinderparty

Material: Servietten
blaue Faltkarte 130 x 130 mm
gelbe Karte 105 x 148 mm
Reliefbuchstaben
Motivlocher Minibärchen

Einladungskarte

Auf die blaue Faltkarte das vorbereitete (siehe Seite 3) Motiv „Bär auf Wiese" kleben. Bärchen und Henkelbecher vorbereiten und mit Klebeplättchen hervorheben.

Tischkärtchen:

Gelbe Karte zum Tischkärtchen knicken. Mit Motivlocher aus dem unteren Kartenrand drei Bärchen ausstanzen. Blumenwiese ausreißen und direkt auf die Karte kleben (siehe Seite 5 „gelbe Anhängerkarte"). Vorbereitete Biene mit Klebeplättchen hervorheben.

Karte „Geburtstagsständchen"

Ein Rechteck mit den Maßen 25 x 100mm aus der Vorderseite der naturfarbenen Karte schneiden. Serviettenmotiv vorbereiten (siehe Seite 3) und hinter den Ausschnitt kleben. Rose vorbereiten und mit Klebeplättchen hervorheben. Serviettenrand (Zierrand) vorbereiten und rechts auf der Karte platzieren.

Kartenkompositionen

Material: Servietten
blaue Faltkarte 130 x 130 mm
naturfarbene Faltkarte 105 x 148 mm
Reliefschrift

Karten-Gutschein für ein Konzert

Serviettenmotiv vorbereiten (siehe Seite 3) und mittig auf die blaue Karte kleben. Violine und Notenständer vorbereiten und mit Klebeplättchen hervorheben.

Fern Ost

Material: Servietten
Faltkarte aus schwarzer Wellpappe 160 x 160 mm
naturfarbene Faltkarte 105 x 148 mm
handgeschöpftes Papier
grüne Strohseide, Embossingschablone mit
Schriftzeichen, Stencil-Farbe (schwarz)
Kolorierstempel, Bambusstäbchen, Bast
Wasserfarben und Pinsel

Karte mit Bambusblatt

Einen Streifen handgeschöpftes Papier reißen. Hierauf die Embossingschablone mit den Schriftzeichen legen. Mit einem Kolorierstempel die schwarze Stencil-Farbe auftupfen. Den Streifen auf die Karte kleben. Zwei kleine Löchlein mit der Lochzange in den rechten Kartenrand stanzen.
Bast durchziehen und Bambusstäbchen befestigen.

Karte mit Schriftzeichen

In die naturfarbene Karte ein Rechteck mit den Maßen 25 x 100 mm schneiden. Die Karte mit Wasserfarbe und Pinsel zart sprenkeln. Serviettenmotiv vorbereiten (siehe Seite 3) und hinter den Ausschnitt kleben. Grünes Quadrat vorbereiten und oben links auf die Karte kleben. Kleines Quadrat vorbereiten und mit Klebeplättchen hervorheben. Gerissenes Stück Strohseide platzieren.

Einladung zu Kaffee und Kuchen

Material: Servietten
hellblaue Faltkarte 148 x 105 mm
königsblaue Karte 148 x 105 mm
hellblaue Karte 105 x 148 mm
Spitzenuntersetzer aus Papier
Klebeplättchen
weißer Gel-Liner
Fiskarschere

Einladungskarte

Mit der Fiskarschere die Ecken der königsblauen Karte schneiden und diese dann auf die hellblaue Faltkarte kleben. Spitzenuntersetzer mittig auf dem königsblauen Untergrund fixieren. Tassen-, Teller- und Zuckerdosenmotiv vorbereiten (siehe Seite 3) und platzieren. Tasse, Teller, Zuckerdose vorbereiten und mit Klebeplättchen hervorheben. Konfekt vorbereiten und ebenfalls mit Klebeplättchen hervorheben.

Tischkärtchen

Hellblaue Karte zum Tischkärtchen knicken. Spitzenuntersetzer ebenfalls knicken und auf das Kärtchen kleben. Vasen- und Tassenmotiv vorbereiten (siehe Seite 3) und auf dem Spitzenuntersetzer fixieren. Tassenmotiv vorbereiten und mit Klebeplättchen hervorheben.

Herbststimmung

Material: Servietten, 2 naturfarbene Faltkarten 130 x 130 mm
grüne Faltkarte 210 x 99 mm
braune Wellpappe, grüne Kordel
handgeschöpftes Papier (natur und grün)
Wunderlocher(Ahornblatt), weißer Gel-Liner

Ahornblatt

Auf die naturfarbene Karte braune Wellpappe mit den Maßen 110 x 110 mm mittig kleben. Quadratisch gerissenes Stück Naturpapier auf die Wellpappe kleben. Ahornblattmotiv vorbereiten (siehe Seite 3) und aufkleben. Weiteres Ahornblatt (diesmal ohne Stiel) vorbereiten und mit Klebeplättchen hervorheben. Buntes Serviettenstück (kann ein Rest sein) wie gewohnt vorbereiten und mit dem Wunderlocher drei Ahornblätter ausstanzen und diese mit Klebeplättchen auf der Karte fixieren.

Kastanienkarte

Karte mit Wasserfarbe und Pinsel zart sprenkeln. Braune Wellpappe (110 x 90 mm) aufkleben. Hierauf gerissenes handgeschöpftes Papier kleben. Kastanienmotiv vorbereiten (siehe Seite 3) und aufkleben. Einzelne Kastanien vorbereiten und mit Klebeplättchen hervorheben. Grüne Kordel anbringen.

In stiller Trauer

Verschiedenfarbige, gerissene handgeschöpfte Papiere auf die grüne Karte kleben. Serviettenmotiv vorbereiten (siehe Seite 3) und aufkleben. Oberes buntes Blatt ohne Stiel vorbereiten und mit Klebeplättchen hervorheben. Mit Gel-Liner Text schreiben.

Frohe Weihnachten

Material: Servietten, rote Wellpappe 175 x 175 mm
rote Faltkarte 148 x 105 mm, grüne Karte 74 x 105 mm
weiße Strohseide, Reliefschrift, Weißer Gel-Liner
goldenes Bändchen
Ecklocher, Schneestrukturpaste

Große Bärenkarte

Serviettenmotiv vorbereiten (siehe Seite 3) und mittig auf die rote Wellpappkarte kleben, so daß ein Rand sichtbar bleibt. Tür mit Bärchen vorbereiten und mit Klebeplättchen hervorheben. Schließlich Hose und Schal des Bärchens vorbereiten und abermals hervorheben. Schneepaste auftragen.

„Merry Christmas" Karte

Weiße Strohseide ausreißen und auf die rote Faltkarte kleben. Schlittenmotiv vorbereiten
(siehe Seite 3) und auf die Strohseide kleben. Geschenke vorbereiten und mit Klebeplättchen hervorheben. Unter das Laternenmotiv etwas gelbe Strohseide kleben. Goldene Kordel als Schlittenband aufkleben.

Geschenkanhänger

Auf grünes Kärtchen rote Wellpappe (54 x 70 mm) mittig aufkleben. Fenstermotive vorbereiten (siehe Seite 3) und auf die Wellpappe kleben. Kleines Geschenk vorbereiten und auf Fensterrahmen kleben. Ecken mit Motivlocher ausstanzen. Nach Wunsch mit Gel-Liner beschriften.

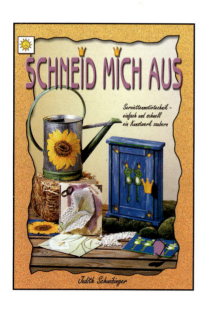

Schneid mich aus
Viele witzige Ideen in der
neuen Serviettentechnik
Judith Schwibinger
ISBN 3-930529-70-X
Best.Nr. 2970X

Laubanger 19b 96052 Bamberg **Vielseidig Verlag** GmbH Tel. 0951/ 6 89 97
Fax. 0951/ 60 32 99